Hallo, liebe Dosenöffner & Window-Color-Freunde,

zu diesem Buch inspirierten mich zwei sehr liebe Freundinnen, Claudia und Simone, und ihr schnurrender Anhang. Die beiden opfern einen Großteil ihrer Freizeit und eine Menge Geld, um sich großer und kleiner Katzen anzunehmen, die kein liebevolles zu Hause haben. Sie päppeln Kätzchen auf, die ihre Mutter verloren haben, helfen kranken Katzen, gesund zu werden und vermitteln die Stubentiger in gute Hände. Katzen, die voraussichtlich ihr Leben lang kränkeln und/oder besonderer Fürsorge bedürfen, haben bei den beiden ein schönes Zuhause gefunden. Glücklich der, der die beiden zu Freunden hat – egal ob Vier- oder Zweibeiner.

Nun genug Besinnliches – ich wollte nur mal „Danke" sagen.

Ich wünsche Euch viel Spaß beim Malen der wunderschönen Katzen, die auch Katzenhaarallergiker erfreuen dürften!

Bei den Rassekatzenbesitzern, die ihre Rasse nicht in diesem Buch finden, möchte ich mich entschuldigen. Es gibt so viele wunderschöne Arten und so ein Bastelbuch hat nur wenige Seiten. Aber letztendlich lieben wir doch „die" Katze – ob von Adel oder „nur" Haustige

Eure

Das benötigt Ihr an Material und Werkzeug

Konturfarbe und abziehbare Glasmalfarbe (Farben je nach Motiv)

Window-Color Schutzlack, Zahnstocher oder Holzschaschlikstäbchen, Mobilefolie, Adhäsionsfolie (Haftfolie) und Folie für die Abziehtechnik, , Nylonschnur, Nadel, Schere, Lackstifte. Alle weiteren Materialien werden im entsprechenden Kapitel aufgeführt.

Ich selbst verwende Window-Color-Farben von drei unterschiedlichen Herstellern, die ich aber untereinander kombiniere. So kann es sein, dass Ihr die ein oder andere Farbe unter der Bezeichnung die ich angegeben habe, bei Eurem Händler nicht bekommt. Nehmt doch einfach Euer Buch mit zum Einkauf und vergleicht die Farben der Bilder mit der Farbkarte bei Eurem Händler. Wählt die Farbe, die dem Foto am ehesten entspricht.

So wird's gemacht

Die Motivvorlage wird unter die entsprechende Folie gelegt. Bei Folie für die Abziehtechnik und Mobilefolie sollte diese mit Klebefilm von hinten an der Folie fixiert werden, damit sie nicht verrutschen kann. Benutzt Ihr Adhäsions-, also Haftfolie, wird die Vorlage einfach zwischen Folie und Trägerkarton geschoben.

Nun das Konturmittel auftragen. Die Konturflasche auf die Folie setzen und mit gleichmäßigem Druck die Farbe herauslaufen lassen. Bei dickflüssiger Kontur die Flache etwas anheben und den Konturstrang gleichmäßig ziehen. Achtet darauf, dass die Konturen überall gleichmäßig geschlossen sind. Bläschen zerstechen.

Nach dem Trocknen der Kontur (je nach Hersteller 3-8 Stunden) können die einzelnen Felder mit Farbe ausgefüllt werden. Etwas Farbe direkt aus der Flasche in das Farbfeld geben und mit dem Holzstäbchen verteilen. Je dicker der Farbauftrag ist, desto leichter lassen sich die fertigen Bilder später abziehen.

Große Blasen mit dem Holzstäbchen zerstechen. Kleine Bläschen wirken manchmal recht dekorativ und lassen die Farbe noch glasähnlicher wirken. Wenn sie jedoch stören, Folie anheben und von unten mit Daumen und Zeigefinger dagegen schnippen. Die meisten Bläschen gehen dabei kaputt.

Mit Kristallklar kann man Zwischenräume ausfüllen, so hat das Bild noch mehr Stabilität. Wenn ich auf Haftfolie arbeite, fülle ich auch hier die Zwischenräume mit Kristallklar aus und umrande außerdem das Motiv damit. So kann ich das Bild ganz einfach am Rand der kristallklaren Farbe ausschneiden und muß nicht so sorgfältig schneiden.

Die Bilder sollten 24 Stunden lang trocknen. Danach kann man evtl. übermalte Konturen mit dem schwarzen Lackstift nachziehen. Bilder die auf Folie für Abziehtechnik gemalt wurden können nun abgezogen werden. Sie haften ohne Klebstoff am Fenster. Motive auf Haft- und Mobilefolie werden ausgeschnitten. Die Haftfolie haftet, wie der Name schon sagt, ohne Klebstoff am Fenster.

Achtung! Die Bilder sind sehr temperaturempfindlich. Ist es sehr warm, ziehen sie sich wie Kaugummi. Bei Kälte können sie leicht brechen. Wer unbedingt bei geringen Temperaturen Bilder vom Fenster lösen will, sollte sie vorher mit dem Fön ein wenig anwärmen oder von vornherein auf Haftfolie arbeiten.

Lackstifte

Falls zuviel Farbe auf die Kontur geraten ist, kann man diese mit dem Stift nachziehen. Auch sehr feine Linien, die man mit der Konturfarbe nicht so sauber malen könnte, werden nach dem Trocknen der Farbe nachträglich aufgemalt. Die Schnurrhaare der Katzen habe ich mit weißem Lackstift nach dem Trocknen aufgemalt.

Seht Euch bitte beim Malen die Fotos der Katzen im Bastelbuch genau an. Nicht alle Konturen, die auf dem Vorlagebogen im Fell der Katzen eingezeichnet sind, werden mit Konturenfarbe nachgezogen. Sie sollen nur verdeutlichen, in welche Bereiche unterschiedliche Farben kommen. Die verschiedenen Farben werden dann vorsichtig mit dem Holzstäbchen ineinandergezogen.

Folie: für Abziehtechnik

Kontur: Schwarz

Farben: Schwarz
Weiß
Rubinrot
Hellorange
Rosa
Champagner oder Hellbraun
Bernstein
Terrakotta
Grau
Kristallklar

Huch, was ist denn das?

Katzen

Folie: Haftfolie

Kontur: Schwarz

Farben: Hellorange
Weiß
Grau
Schwarz
Rosa
Eisblau
Kristallklar

Seifenblasen

Folie: für Abziehtechnik

Kontur: Weiß und Transparent

Farben: Kristallklar
Eisblau
Hellviolett

Deko-Kätzchen

Material:	Metall-Eimer, -Dose oder ähnliches, Window-Color Schutzlack
Folie:	für Abziehtechnik
Kontur:	Schwarz
Farben:	Schwarz Rosa Bernstein Weiß Gelb Maigrün

Schmusen ist echt bärig

Folie: Haftfolie

Kontur: Schwarz

Farben: Schwarz
Weiß
Rosa
Dunkelbraun
Mittelbraun
Grau
Kristallklar

British Kurzhaar

Folie:	Haftfolie
Kontur:	Schwarz
Farben:	Schwarz
	Weiß
	Champagner oder
	Hellbraun
	Eisblau
	Grau
	Kristallklar

Maine Coon

Folie: Haftfolie

Kontur: Schwarz

Farben: Schwarz
Weiß
Rosa
Maigrün
Grau
Hellbraun
Kristallklar

Perser

Folie:	Haftfolie
Kontur:	Schwarz
Farben:	Schwarz
	Weiß
	Bernstein
	Rosa
	Kristallklar

Bengal

Folie: Haftfolie

Kontur: Schwarz

Farben: Schwarz
Weiß
Rosa
Bernstein
Maigrün
Kristallklar

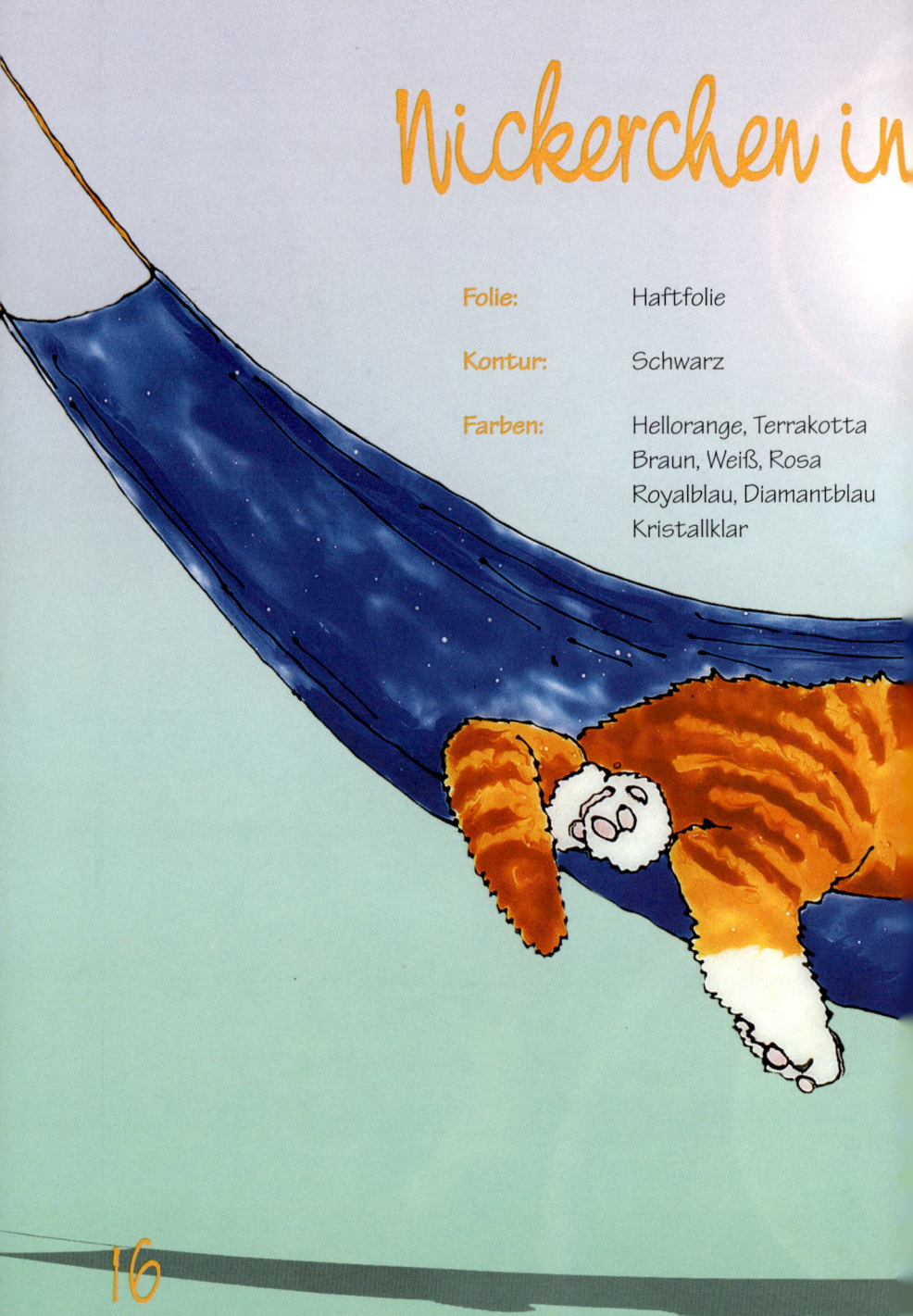

Sommernacht

Folie: Haftfolie

Kontur: Schwarz

Farben: Schwarz
Grau
Sonnengelb
Kristallklar

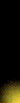

Küchenfensterkatzen

Folie: Haftfolie

Kontur: Schwarz

Farben: Schwarz, Weiß, Grau, Rubinrot
Creme oder Pastellgelb
Rosa, Sonnengelb, Irischgrün, Mittelbraun

Kätzchen im Kessel

Folie: Haftfolie

Kontur: Schwarz

Farben: Schwarz
Weiß
Terrakotta
Mittelbraun
Rosa
Maigrün
Olivgrün
Sonnengelb
Kristallklar

Der Herbst ist da

Folie: Haftfolie

Kontur: Schwarz

Farben: Schwarz
Weiß
Rosa
Maigrün
Rubinrot
Irischgrün
Sonnengelb
Terrakotta
Bernstein
Kristallklar

Happy Halloween

Folie:	Haftfolie
Kontur:	Schwarz
Farben:	Schwarz
	Weiß
	Haut
	Orange
	Hellorange
	Mohnrot
	Sonnengelb
	Kristallklar

Katzenkugeln

Material: Plexikugeln mit Trennscheibe 10 cm Durchmesser

Kontur: Schwarz

Heilige Birma

Schwarz, Weiß, Rosa, Champagner oder Hellbraun, Hellblau, Grau

British Kurzhaar

Grau, Schwarz, Weiß, Rosa, Maigrün

Haukatze rot

Bernstein, Terracotta, Weiß, Rosa, Olivgrün

Neva Masquarade

Weiß, Rosa, Champagner, Hellbraun, Schwarz, Hellblau, Russisch Blau, Grau, Maigrün, Schwarz, Rosa

Stille Nacht

Material:	Wellpappe Blau, Velourpapier rot, Architekten- oder Butterbrotpapier, Kuli, Bleistift, Cuttermesser und Schneidunterlage
Folie:	Mobilefolie
Kontur:	Schwarz
Farben:	Schwarz, Weiß, Sonnengelb, Rubinrot Champagner oder Hellbraun Hellblau, Glitter-Rot, -Blau, -Grün und –Gold

Das Fensterbild auf Mobilefolie malen und gut trocknen lassen.

Die Konturen des Fensters mit Bleistift auf das Architektenpapier abpausen. Ebenso die Schleife. Die durchgepauste Vorlage seitenverkehrt, also mit der Bleistiftzeichnung auf den Karton bzw. das Velourpapier legen und die Konturen mit dem Kuli nachzeichnen. Nun sind die Konturen übertragen und können mit dem Cuttermesser ausgeschnitten werde.

Nach dem Trocknen des Bildes, den Wellpapperahmen auf das Bild kleben. Zuletzt die Schleife aufbringen.

und mehr von Susanne Scholz

Hot Summer
Window-Color im
Mexican-Style
ISBN 3-935467-19-2
Best.Nr. 67192

Magie der Farben
Zaubern Sie Elfen & Drachen
aus Window-Color
ISBN 3-930529-92-0
Best.Nr. 29920

Laubanger 19b 96052 Bamberg **Vielseidig Verlag** GmbH Tel. 0951/ 6 89 97
Fax. 0951/ 60 32 99